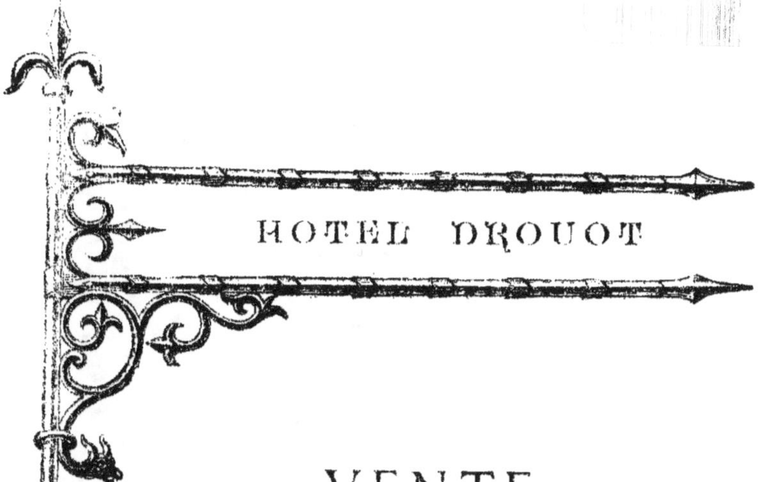

VENTE

LOUIS DUMOULIN

Lundi 15 Février 1886

TABLEAUX

PAR

LOUIS DUMOULIN

Ce catalogue se distribue à Paris :

Chez Me Léon Fontaine, commissaire-priseur, rue Blanche, 42.

Chez M. Bernheim jeune, expert, rue Laffitte, 8.

CONDITIONS DE LA VENTE

Elle sera faite au comptant.

Les adjudicataires paieront cinq pour cent en sus des enchères.

TABLEAUX

PAR

LOUIS DUMOULIN

DONT LA VENTE AURA LIEU

HOTEL DROUOT, SALLE Nº 5

Le Lundi 15 Février 1886, à 3 heures

<table>
<tr><td>

M. BERNHEIM JEUNE

EXPERT

8, rue Laffitte

</td><td>

Mᵉ LÉON FONTAINE

COMMISSAIRE-PRISEUR

42, rue Blanche

</td></tr>
</table>

EXPOSITION PARTICULIÈRE

GALERIE DE M. BERNHEIM JEUNE, 8, RUE LAFFITTE

du Lundi 8 au Samedi 13 Février 1886

EXPOSITION PUBLIQUE

HOTEL DROUOT, SALLE 5

Le Dimanche 14 Février 1886, de 1 h. à 5 h.

— :o: —

PARIS

IMPRIMERIE TYPOGRAPHIQUE MAYER ET Cⁱᵉ

18, Rue Richer, 18

MDCCCLXXXVI

Paris, février 1886.

Nous assistons depuis quelques années à une des plus curieuses transformations que l'art ait encore subies. Il avait déjà passé par de nombreux avatars. Nous l'avons vu symbolique, idolâtre, ascétique, corrompu, humain, le voilà enfin moderne, c'est-à-dire traduisant ce que nous avons devant les yeux, sans autre souci que de rendre une formule vraie. Il a fallu du temps pour y arriver, trop de temps, hélas ! Il a fallu combattre les préjugés, se faire les éducateurs de la foule ignorante, lutter avec les écoles, supporter les sarcasmes ou, ce qui est pire, l'indifférence des masses ; il a fallu rompre en visière avec l'Institut et ses implacables membres ; il a fallu se brouiller, même avec M. Gérôme !

Les peintres modernistes ont enfin vaincu. Ils sont en pleine victoire. Ils recueillent définitivement les bénéfices de leur persévérance ! Ils marchent en triomphateurs, ayant à leurs côtés les poètes, les musiciens, les romanciers, qu'ils ont convertis, et traînant derrière eux, poings liés, les perruques de l'École

Dans la jeune légion, j'avais depuis longtemps remarqué Louis Dumoulin, comme un de ses plus

vaillants soldats, comme un de ceux dont la personnalité avait le plus de chance de se dégager. Je savais
qui il était. On m'avait tenu au courant de ses débuts,
et de la vivacité avec laquelle il avait dédaigné l'ancienne
routine, sans négliger pour cela l'étude des maîtres
anciens qu'il a appris dans de nombreux voyages, car
Dumoulin a parcouru l'Angleterre, l'Italie, l'Allema-
gne, l'Espagne. Il a été jusqu'en Suède. Je connais de
lui des toiles rapportées de la patrie de Velasquez,
qui sont en tous points remarquables. On y sent le
combat qui se livrait entre son admiration pour ses
devanciers, et l'envie de se faire une place à part, ne
cédant plus qu'à son tempérament. Je pourrais citer,
comme exemple, *l'Entrée de Fontarabie.* Tant d'audace,
tant d'initiative, tant de qualités, devaient me pousser
évidemment vers lui ; je veux dire, vers son œuvre.
La première fois que je fis sa connaissance, aussi-
tôt que je pénétrai dans son atelier, je sentis que mes
pressentiments ne m'avaient pas trompé. Je me trou-
vais là devant un artiste intéressant à tous les points
de vue.

L'ancienne école, a dit Proudhon, tant classique
que romantique, soutenait, et des philosophes se sont
rangés à cette opinion, que l'art est indépendant
de toute condition morale et philosophique, qu'il
subsiste par lui-même, comme la faculté qui lui
donne naissance. C'est contre cette théorie que
les *nouveaux* se sont hautement élevés. C'est
contre cette théorie que Louis Dumoulin a le plus
violemment protesté. Il a pris Paris à témoin et s'est
appliqué à le rendre avec un art particulier. Son
œuvre est donc à la fois une innovation et une pro-
testation. C'est — talent à part — un de ses plus
grands mérites, à nos yeux.

Car il aime Paris ; il l'aime follement. Il a compris,
comme notre pauvre de Nittis, tout ce qu'il renfer-

mait d'intéressant, de délicat et de pittoresque.

Il a aidé les Parisiens à le découvrir, en leur prouvant que derrière les buttes Montmartre, les crépuscules étaient aussi beaux qu'à Venise ; qu'aux rayons de la lune, les tours de Notre-Dame se découpaient avec la même splendeur que la coupole de Saint-Pierre en plein ciel romain ; que par des temps de pluie, les monuments, les maisons, les toits, se profilaient, s'estompaient, s'enlevaient, avec la même douceur qu'en Hollande ; que par la neige cette forêt de cheminées blanches et noires valait bien les sapins suisses et les mâts de la Tamise ; que par le soleil on avait sur la place de la Concorde un avant-goût du désert.

Il leur a appris enfin, que nul pays n'offre une série plus complète de costumes bizarres, depuis celui de la femme du monde qui change de mode tout les huit jours, jusqu'à celui du bitumeux, se chauffant devant un brasero, couvert de peaux comme un Lapon et coiffé comme un habitant de Tampico.

Quand on examine les toiles de Dumoulin, on se demande comment on a pu si longtemps négliger les sujets qu'offre Paris.

J'y vois le Printemps, mettant de jeunes pousses aux arbres des avenues, invitant les dames à montrer leurs toilettes neuves, soufflant, tiède, sur les bonnets des femmes de chambre dont les brides ont de provocantes envolées, garnissant les bancs verts d'amoureux, et semant des bandes de pierrots sous les pas des chevaux d'omnibus.

Nous sommes en Été, c'est une montée générale du côté de l'Arc de Triomphe, où commence à s'encadrer un ciel qu'incendie un soleil couchant. Raide sur son siège, ganté de gris perle, la rose à la boutonnière, le gommeux conduit la jument alezane qui vient de faire hennir le double poney que mène le boockmaker, coiffé d'un chapeau rond, et le corps débordant, serré dans un veston à carreaux. A côté, une cocotte à toilette tapageuse, son chien sur les genoux et se laissant aller aux balancements de sa voiture de course, jette un coup d'œil effronté dans le petit coupé où le baron cause avec sa femme.

L'automne commence à rouiller les arbres. Transportons-nous loin du centre, au boulevard extérieur, par exemple. Voici la place Clichy. Ici tout est dans le brouillard. La nuit tombe. Les becs de gaz s'allument et la lumière du poste-vigie des pompiers reflète ses paillettes rouges dans le ruisseau.

Étudiez la place Pigalle, avec son encadrement de maisons hérissées de cheminées baroques, et la foule montante et descendante qui s'y coudoie.

Voulez-vous plus d'animation encore? C'est fête à Montmartre. Une véritable poussée s'y fait ; pour se divertir aux galops ronds des chevaux de bois et contempler les baraques. Aimez-vous mieux les quais? avec les maisons qui les surplombent et l'eau jaune qui coule à leur base, entraînant les lourds chalands? Préférez-vous les rues par un temps de pluie? Les avenues par un temps de neige? Voici l'hiver et par enchantement nous revenons aux fêtes du 14 Juillet, pleines de cris, de fanfares éclatantes, de couleurs et de bruit.

Toutes ces rues, tous ces sites, toutes ces fantasmagories, toutes ces cohues, toutes ces maisons, tous ces mondes, tous ces temps, Louis Dumoulin les a vus, les a étudiés, les a synthétisés, les a rendus avec un réel talent. *La Gare des Batignolles, la Rue de l'Abreuvoir, l'Odéon, la Place de la Bastille, le Quai Bourdon, la Place Pigalle, la Rue Ravignan, le Quai de Javel, la Rue du Louvre, la Place du Carrousel, le Pont-Neuf, les Chevaux de bois, le Boulevard Clichy, la Foire aux Pains d'épice,* etc., etc., sont autant de toiles d'une composition hardie, d'une tonalité bien personnelle, d'un modernisme étonnant. Chacune d'elles servira un jour à l'histoire de Paris.

Ici, j'ouvre une parenthèse.

Le Conseil municipal n'a pas oublié Dumoulin dans ses acquisitions. Il existe une place Clichy remarquable, accrochée dans le grand salon de l'Hôtel de Ville, et faisant pendant, sans y perdre, à un superbe Courbet. J'émettais le vœu que le musée Carnavalet achetât quelques-unes de ses toiles, et que la Ville ne perdit pas l'occasion d'en posséder encore, quand j'ai appris que Louis Dumoulin, en collaboration avec M. E. Delahaye, soumettait au Conseil municipal un projet intéressant. Il s'agit d'une sorte d'histoire de Paris formant une série de tableaux à répartir entre les différentes mairies. Qui, mieux que lui, saurait mener à bien une entreprise de cette nature ? Nous espérons que le Conseil municipal n'hésitera pas à profiter de l'occasion qui lui est offerte, de conserver dans les âges la grande ville qu'il administre.

Louis Dumoulin aimait trop Paris pour ne pas sentir le besoin de composer quelques tableaux à Rouen. Rouen est un petit Paris où tout y est pourtant exagéré, le flamboiement du gothique, la multiplicité des clochetons, la cassure des arêtes de toutes les vieilles maisons, le pittoresque des rues, des ruelles, des impasses, sans oublier le port, un des sujets les plus intéressants que je sache pour un peintre. Cette fois encore son inspiration ne l'a pas trompé. *Le Pont suspendu de Rouen* est une toile dont la place est marquée dans le musée déjà si riche de la patrie de Corneille. *L'Église Saint-Maclou* est traitée de main de maître. Les Hollandais n'ont pas mieux compris la poésie de la pierre, et l'art de ceux qui la sculptaient, la dentelaient. Dumoulin y a mis en plus quelque chose de l'idéalisme de l'Église latine et de l'ascétisme chrétien.

En résumé, c'est une œuvre personnelle et complète que nous avons devant les yeux.

Maintenant une question se pose.

A qui s'adresse Dumoulin ?

Aux artistes et aux amateurs.

Il y a plusieurs genres de peinture. Je suis obligé d'en convenir, au détriment de beaucoup d'artistes dont la réputation n'est pourtant plus à faire. Il y a la peinture où l'artiste n'a suivi que son inspiration, n'a écouté que sa personnalité, et celle où, poussé par le besoin de vendre, il a cédé au goût, à la mode, au caprice de l'acheteur. Dumoulin avait trop le respect de son art pour sacrifier *à la devanture*, comme disent les marchands, aussi, dut-il demeurer incompris de quelques-uns, n'a-t-il jamais cessé d'être lui-même, et de faire, à la fois, preuve d'audace et d'honnêteté. Le bourgeois le blâmera, peut-être, d'avoir négligé « le bouton de guêtre » et d'avoir trop sacrifié à la synthèse; c'est précisément ce qui fera son mérite auprès des véritables amateurs. C'est d'ailleurs ce qui l'a recommandé depuis longtemps à eux. Il n'a pas voulu qu'un travail poussé trop loin corrigeât ou plutôt détruisit son impression si vive et si juste. C'est de l'inspiration, ce n'est pas du métier

Telles sont les raisons qui font de cette exposition une des plus intéressantes que j'aie visitées. Tels sont les motifs pour lesquels la vente que Louis Dumoulin prépare sera, indiscutablement, fructueuse.

J'ai insisté au début sur les tendances nouvelles de l'art. Dumoulin les formule et les expose. C'est, du même coup, un enseignement et un régal.

Georges Duval,

CATALOGUE

DES

TABLEAUX

——— ————

1 LA PLACE DE LA BASTILLE.
    Toile : h. 64; l. 102.

2 AUTEUIL, POINT-DU-JOUR.
    Toile : h. 67; l. 95.

3 A LA BARRIÈRE.
    Toile : h. 67; l. 95.

4 LA GARE DES BATIGNOLLES.
    Toile : h. 40; l. 55.

5 LA PLACE BLANCHE.
    Toile : h. 40; l. 55.

6 La Rue de l'Abreuvoir.

Toile : h. 39 ; l. 57.

7 A l'Odéon.

Toile : h. 41 ; l. 56.

8 Le Quai Bourdon.

Toile : h. 41 ; l. 58.

9 La Place Pigalle.

Toile : h. 37 ; l. 54.

10 Le Quai de Javel.

Toile : h. 48 ; l. 63.

11 La Rue Damrémont.

Toile : h. 38 ; l. 55.

12 La Pointe Louviers.

Toile : h. 34 ; l. 48.

13 La Route des Moulineaux.

Toile : h. 41 ; l. 58.

14 La Rue Ravignan.

Toile : h. 49 ; l. 35

15 VUE DU LOUVRE.
  Toile : h. 38 ; l. 55.

16 UN COIN DE BANLIEUE.
  Toile : h. 41 ; l. 55.

17 LA PLACE DU CARROUSEL.
  Toile : h. 39 ; l. 56.

18 LES CHEVAUX DE BOIS.
  Toile : h. 33 ; l. 46.

19 POSTE DE SAPEURS-POMPIERS.
  Toile : h. 34 ; l. 50.

20 LE BOULEVARD CLICHY.
  Toile : h. 42 ; l. 63.

21 LA NEIGE.
  Toile : h. 40 ; l. 58.

22 LE DÉGEL.
  Toile : h. 42 ; l. 70.

23 LE PONT-NEUF.
  Toile : h. 40 ; l. 57.

24 LA STATUE DE STRASBOURG.

Toile : h. 35 ; l. 57.

25 UN 14 JUILLET.

Toile : h. 47 ; l. 35.

26 LA FOIRE AUX PAINS D'ÉPICE.

Toile : h. 34 ; l. 48.

27 LA PLACE CLICHY.

Toile : h. 39 ; l. 59.

28 LE COTTAGE PARISIEN (Exposition du travail).

Toile : h. 40 ; l. 55.

29 UNE RUE DE FONTARABIE.

Toile : h. 58 ; l. 40.

30 SUR LA FALAISE.

Toile : h. 54 ; l. 48.

31 MAISON A VEULES.

Toile : 59 ; l. 48.

32 DEVANT LE CASINO.

Toile : h. 47 ; l. 40.

33 L'heure du bain.
Toile : h. 37 ; l. 54.

34 Villégiature.
Toile : h. 53 ; l. 62.

35 Les Vieilles chaumières.
Toile : h. 60 ; l. 84.

36 Au bord de la mer.
Toile : h. 57 ; l. 84.

37 Le Pont suspendu a Rouen.
Toile : h. 95 ; l. 77.

38 L'Église Saint-Maclou.
Toile : h. 95 ; l. 77.

39 Le Port de Rouen.
Toile : h. 92 ; l. 130.

2547. — IMPRIMERIE MAYER ET Cⁱᵉ, 18, RUE RICHER.